Uranio empobrecido
(2013-2017)

Poesía

Uranio empobrecido (2013-2017)

KATHERINE BISQUET

PRÓLOGO
NÉSTOR DÍAZ DE VILLEGAS

Rialtaediciones

D. R. © Katherine Bisquet, 2021

Diseñador invitado en cubierta: Julio Llópiz-Casal

En cubierta: prototipo CROCUS de un reactor nuclear de uranio (detalle), de la serie *Cultura profiláctica*, Hamlet Lavastida, 2021.

Primera edición: noviembre de 2021

ISBN: 978-607-98884-9-7

Publicado bajo el sello Rialta Ediciones
Santiago de Querétaro
www.rialta.org

D. R. © Carlos Aníbal Alonso Castilla (Rialta Ediciones)
Blvd. Hacienda La Gloria #1700, Col. Hacienda La Gloria 76177
Santiago de Querétaro, México

Ecce Uranus

En camino a Tijuana, por la carretera interestatal 5, en la localidad de San Onofre, California, pueden verse dos cúpulas en forma de tetas que se levantan sesenta metros por encima de la costa. Son los reactores de una estación nuclear fuera de servicio.

Dentro de ocho años, al final de las labores de desmontaje, no quedará nada de ellas. Veinte toneladas de material radioactivo serán trasladadas en trenes especiales hacia un centro de acopio. El proceso de desguace de una termonuclear es lento y costoso. Las tetas serán lo último en desaparecer. Martillos hidráulicos irán desbaratando sus anillos hasta que los pezones colapsen en cámara lenta. Temo el día en que dejaré de verlas en el camino de Tijuana.

Katherine Bisquet nació en un lugar parecido. A su llegada al mundo, en diciembre de 1992, la planta termonuclear de Cienfuegos ya había muerto. La fecha de nacimiento de Katherine es el año cero de este libro. La central atómica fue la nodriza de la niña nacida en el seno de una familia nuclear de finales de milenio.

El monstruo inconcluso es su horizonte de eventos. "Pero qué tengo que ver yo con lo inconcluso...", protesta la poeta. El fuera-del-juego de los años sesenta del siglo xx decae, en las páginas de *Uranio empobrecido*, en un eterno fuera-de-lugar. La poesía como desecho de la hecatombe revolucionaria: la ciudad de Cienfuegos como nueva Hiroshima.

Katherine Bisquet es la poeta de una posguerra indefinidamente pospuesta. Ella es la última mujer, y su voz es terminante: el poema reducido a un mínimo de imágenes radioactivas. Cuando todo lo material ha perdido el núcleo, queda el desecho empobrecido, la Pompeya del proletariado. La potencialidad del Apocalipsis, la amenaza constante, el disparo de nieve, son sus temas.

Fallout Zone. La levedad cataclísmica del poema, su equívoca menudencia, desciende sobre el lector y lo desintegra. Textos corrosivos que resultan de la rotura del núcleo originario: el polvillo del discurso cae como escarcha en nuestra conciencia.

Estamos en Cienfuegos, una ciudad que nos fue familiar, pero que ya no ocupa el centro de ningún entramado. La Revolución es el proyecto faraónico que debió generar luz y se convirtió en hueco negro que trastorna las relaciones geométricas y vuelve extraño lo conocido. Katherine conoce de oídas los fastos de la "ciudad-que-más-me-gusta-a-mí": los camaroneros en el horizonte, los cimientos sumergidos de las mansiones de los cayos, la pobreza prematura.

"La isla quedará vacía / y se hundirá en el mar / por la parte sur / porque Cienfuegos es una ciudad muy débil / y una pérdida más puede significar su deshacimiento".

La termonuclear inconclusa no rompió el núcleo, sino que provocó una fusión de elementos sociales dispersos: la poeta, el lumpen, la artista, el soñador, el okupa y el rapero. Es el efecto

Solaris descrito por Estanislao Lem en sus ficciones futuristas, y la única versión de Cuba que aún apunta al porvenir.

El hueco negro crea simulacros de lo familiar: Katherine Bisquet y sus personajes aparecen como materialización de los terrores y delirios de una época. Últimamente, encontramos a la autora ante las puertas de la Ley, reclamando del Poder un gesto de poesía. Pero, ¿realmente puede la imaginación asaltar el Poder?

"¡Si el poeta eres tú!". Ese verso, declamado por un antiguo juglar, tardó décadas en hacerse inteligible. La revolución no era poesía; la poesía era otra: la Ciudadana K ovillada en el asiento trasero de una perseguidora en marcha. Eventualmente, la gran termonuclear pudo transfigurar lo poético en lo policíaco. Le correspondía a K, como a su homólogo en la Praga del siglo pasado, reconvertir lo policíaco en lo poético.

———

"Mural *dixit*"; "No nos sirve de nada el miedo / en la misma medida / en que no nos sirve de nada el dolor"; "Así es Cuba, dirán"; "El asfalto arderá"; "La carretera del infierno/ conduce únicamente / al infierno"; "Ve / y dile a Dios que lo siento".

Uranio empobrecido no trata de lo imaginario, sino de la realidad real donde poesía y verdad confluyen, de un tipo de imaginación que nunca aspiró al Poder. Futuros excavadores pisarán las calles calcinadas por las centrífugas de las revoluciones, gustarán el licor de sus tetas caídas, descubrirán los anillos concéntricos donde está escrito: "Todos / Sin exclusiones / Somos víctimas / De las peripecias del ha/ombre".

Néstor Díaz de Villegas
Mayo 2021

*a mis padres,
y a los que aún viven
en la Ciudad Nuclear*

Las ciudades, como los sueños, están construidas de deseos y de miedos, no obstante el hilo de su discurso sea secreto, sus reglas absurdas, las prospectivas engañosas y cada cosa esconda otra.

Italo Calvino, *Las ciudades invisibles*

Uranio empobrecido[*]

---

[*] Los reactores nucleares requieren Uranio-235 para producir energía, por lo que el uranio natural tiene que ser refinado o enriquecido para obtener el isótopo U-235 a partir de su segregación del isótopo U-238. El uranio empobrecido, U-238, es el subproducto resultante de este proceso de enriquecimiento. El mismo tiene una vida media de 4 500 millones de años, lo que le otorga una gran longevidad al ser muy lenta su tasa de descomposición.

No nos sirve de nada el miedo
en la misma medida
en que no nos sirve de nada el dolor.
Las cosas invariablemente van cayendo
al margen de nuestras voluntades.
No nos sirve el dolor de los otros
y la angustia de los otros
enquistada desde el arranque
no nos sirve.
Paleamos las franquicias
de la masa
lejos de la masa.
Y nos compadecemos.

CARLOS CÁRDENAS

La CEN*

---

* Con el derrumbe del Campo Socialista y la desintegración de la URSS, en septiembre de 1992 se paraliza "temporalmente" la construcción de la Central Electronuclear (CEN) en Juraguá, en la provincia de Cienfuegos, Cuba.

Año 92

Yo nací en el mes de diciembre
no en el mes ni en la ciudad del desencanto
porque mi madre aguantó sus intestinos
y los botó allá por el centro

dispusieron los oráculos mi cuerpo
donde mismo había creído mi madre
para ver si este destino rígido sucumbiría
a la desolación de sus ancestros
pero yo nací en el mes de diciembre
qué tengo que ver yo con lo inconcluso.

Algo aquí se descompone

Los niños juegan pelota en la piscina olímpica.
Los niños se bañan bajo los muelles.
Y bajo los muelles y bajo los niños,
raíles ahogados.
ALGO HUELE MAL.

No hay muertos, ni idea de muerte.
No hay historia, ni idea de historia.
Toda el agua es salada, todo es piedra sobre piedra.
ALGUIEN TIENE MIEDO.

Se mide la energía con sigilo, o sabiamente.
Porque ellos sí saben de qué se trata.
ALGUIEN ME HA TRAICIONADO.

Se crea una idea de comunidad,
improvisaciones de una juventud inexperta.
Resultan animales sacrificados.
Animales que bordean la comunidad entera
con la idea de abastecer el hambre
de tantas bocas delgadas.
Y por las noches me despierto
espantado,
porque definitivamente
ALGO HUELE MAL.

CAMILA LOBÓN

El proyecto del siglo

A mi madre fugitiva

Será el tiempo el que endurece los cuerpos de metal
o el que los corroe.
Será que cuando tocan la sal del océano
efectivamente se oxidan,
y temen navegar esos mastodontes armados
con los hierros del 80.
Será además que ya una vez huyeron
a otras tierras para formarse,
para armar la utopía del robot de hierro
y quedaron en la mitad del camino.
Será que en esas tierras se forjaron con lo imposible
en el momento de lo posible,
y después de tan pocos años cayó el colosal paredón.
Pendimos, aún pendemos.
Entonces cayó la esperanza de vivir de la energía,
cayó la esperanza de vivir con energía,
en una ciudad inconclusa,
en una generación inconclusa,
joven e ingeniosa aún.
Y el naufragio alcanzó a todos,
por estar hechos de uranio,
por no haber empujado la palanca,
por ver al robot que aún duerme,
en un apartado mundo que todos desconocen.

ITALO EXPÓSITO

Ciudad Nuclear *mon amour*

—No has visto nada en la Ciudad Nuclear.
Nada.
—Lo he visto todo,
todo.
He visto el policlínico,
estoy segura.
Existe un policlínico en la Ciudad Nuclear.
¿Cómo podría no verlo?
—No has visto el policlínico en la Ciudad Nuclear.
No has visto nada en la Ciudad Nuclear.
—Cuatro veces al reactor.
—¿Qué reactor en la Ciudad Nuclear?
—Cuatro veces al reactor en la Ciudad Nuclear.
He visto a los ingenieros pasearse.
Los ingenieros se pasean, pensativos,
a través de las paredes de hierro,
el desmantelamiento,
a falta de otra cosa.
Las paredes,
las paredes,
el desmantelamiento,
a falta de otra cosa.
Las justificaciones,
a falta de otra cosa.
Cuatro veces al reactor.
He mirado a los ingenieros,
he mirado, incluso yo,
pensativa, el hierro,

el hierro vulnerable como la carne.
He visto la gran cúpula.
¿Quién lo habría dicho?
Pieles jóvenes, sacrificadas,
sobrevivientes,
todavía en la pena del sufrimiento.
Edificios, edificios vacíos,
edificios inacabados.
Cabelleras rubias
de mujeres extranjeras.
He tenido calor
en la plaza.
Cuarenta grados en la plaza.
Yo lo sé.
La temperatura del sol en la plaza.
¿Cómo ignorarlo?
El mar... muy sencillo.
—No has visto nada en la Ciudad Nuclear.
Nada.
—El desmantelamiento se ha hecho con la mayor seriedad
/ posible.
La historia se ha hecho con la mayor seriedad posible.
La historia es tan bien contada
que los otros apenas saben.
Siempre uno puede gritar.
¿Pero qué puede hacer el otro,
si no sabe nada?
Siempre he pensado en el destino
de la Ciudad Nuclear.
Siempre.
—No.
¿Por qué habrías pensado?

—He conocido gente.
En el 91,
no me lo he inventado,
desde el 91,
miles de personas aparecieron desde la electronuclear,
y el fracaso.
Y esas personas viven... aquí. Los he visto.
Me lo ha contado la gente.
Los he visto.
Desde el 91,
desde el 92,
desde el 93.
—No has visto nada.
Nada.
—Desde el 94.
La Ciudad Nuclear se llenó de sus fracasos.
Por todas partes, radioquímicos y electronucleares,
y termofísicos...
No me he inventado nada.
—Lo has inventado todo.
—Nada.
Igual que en la vida,
esta ilusión existió,
esa ilusión de lograr un sueño.
He tenido la ilusión de que jamás olvidarán.
Igual que en la vida.
También he visto a los descendientes,
a los que estaban en el vientre.
He visto la conformidad,
la inocencia,
el desconocimiento aparente
de los herederos de la Ciudad Nuclear,

que se acomodan a un destino tan injusto,
que la imaginación,
habitualmente tan fecunda,
ante ellos, se cierra.
Escucha, lo sé.
Lo sé todo. Cómo continúa.
—Nada.
No sabes nada.
—Las mujeres crían a sus hijos.
Pero continúa.
Los hombres corren el riesgo.
Pero continúa.
Situaciones desiertas.
La costa araña.
Ha arañado a esta gente.
El hambre.
No hay tierra en la ciudad entera.
La furia de una ciudad entera.
La furia de una ciudad entera.
¿Contra quién la furia de una ciudad entera?
La furia de una ciudad entera...
contra qué?
Escúchame.
Como tú, conozco el olvido.
—No.
No conoces el olvido.
—Como tú, estoy dotada de memoria.
Conozco el olvido.
—No.
No estás dotada de memoria.
—Como tú, yo también he intentado luchar con todas mis
/ fuerzas contra el olvido.

Como tú, he olvidado.
Como tú, he deseado tener una memoria inconsolable,
una memoria de sombras y piedras.
He luchado por mi cuenta,
con todas mis fuerzas,
contra el horror de ya no entender
la necesidad de acordarse.
Como tú, he olvidado.
¿Por qué negar la necesidad evidente de la memoria?
Escúchame.
Todavía sé.
Volverá a empezar.
Miles de jóvenes.
Son cifras oficiales.
Volverá a empezar.
Habrá calor sobre la tierra.
Así es Cuba, dirán.
El asfalto arderá.
Un profundo desorden reinará.
Una ciudad entera será destruida y se convertirá en cenizas.

ENFORI GARCÍA

Highway to Hell

> Hey Momma, just look at me!
> I'm on my way to the promised land
> I'm on the highway to Hell.
> AC/DC, "Highway to Hell"

La carretera del infierno
conduce únicamente
al infierno,
como el Tártaro,
termina allá por los dienteperros,
allá por el mar,
donde las almas fracasan en el intento,
allá,
se acaba.

En la carretera del infierno,
garganta de espinas y asfalto,
no se debe decir nada,
nada que comprometa a Caronte
porque fácilmente puedes lidiar con el Monstruo de Hierro
destartalado por los años
pero en amenaza de funcionamiento.
Quién sabe
si algún día eche a andar.
Quién sabe
y algún día enriquezca
y eche a andar.

En la carretera al infierno
se camina con las manos en el suelo
si es que hay suelo⌐
              residuos de Nuclear⌐
                        chuchazos del desastre
por el peso de la muerte,
por el peso del proyectil con cabeza de Uranio.

En el inextricable vial del infierno
los hoplitas revenden el pan,
revenden su historia,
se pasean
excitados
bajo el sopor
de los edificios
a medias/grises/sin ventanas,
van en busca de explicaciones,
van refunfuñando
por su infortunado
destino
de hoplitas malolientes
radiactivos/creativos
de hoplitas emigrantes
bajo presuntuosa fascinación
la promesa
la obra
la gran cúpula
la casa.

Al final del día,
cuando has cruzado la bahía
en el barco que pasa según sus horarios,

te recibimos
gustosamente:
"¡BIENVENIDOS A CUBA SOCIALISTA!",
Mural *dixit*.

EZEQUIEL SUÁREZ

De fierecillas

*A mi hermano,
a los chamacos del barrio, los chimarrones*

Un plato para dos
una cuchara para dos.
Y con los años,
él, un platico azul
yo, un platico verde.
Él vino a nacer en medio de la hecatombe
no en el mes pero sí en la maldita ciudad,
en el año 94.
Mi madre lo soltó ahí
sin intenciones de cambio,
aunque mi padre seguía matando palomillas.
Él, un tractorcito con carreta
yo, una cama de madera para las muñecas,
juguetes que duran toda la vida,
recuerdos que duran toda la vida.
A las 8:00 dicen el número
a las 7:30 se cierra
a las 7:40 se empieza a hacer la comida
a las 9:00 se come.
Una gata
dos perros
todos muertos.
¡¡¡Los chimarrones!!!
Gritan,
quitar las pencas de otro CDR
correr bajo lluvia de piedras

hacer la cola para la caldosa.
Él le saca las viandas y las especias,
mamá no le enseñó a comer.
Yo como de todo.
Yo me voy a su cama de noche
por los fantasmas,
él me gruñe y me empuja.
Papá nos llama una vez por semana.
Salgo a buscarlo,
él juega.
No te dejes meter el pie,
y le parto la cabeza al abusador,
corro y me escondo en el closet.
Él llora.
Mamá me da con el cinto.
Yo aguanto las lágrimas
y doy el ejemplo.

POR LOS FANTASMAS

HENRY ERIC HERNÁNDEZ

La cabeza fuera de mis manos

A YS

La cabeza, como cualquier otro peso absurdo
limita todas las posibilidades.
Por eso la escarmiento bajo este sol,
para que entienda
que en algún momento
tendrá que desprenderse.

A mayor altura II

Es fácil mirar desde la altura
aceptable.
Mirar el punto cardinal para la estrategia.
La desolación
aparente
de las luces.
Es fácil,
lo digo desde la misma altura
aceptable
lidiar con la señal,
el *urga*.
En esa explanada
cada cosa esconde otra.

Quemados por el sol II

Claro que todos fueron decapitados
uno por uno
bajo la lluvia
y sus cabezas rodaron hasta la orilla
(flotaron las más livianas)
y fue tal el peso de sus frentes...

Que días más tarde vimos cómo el sol se encargaba de ellas
hasta el último trecho de piel.

La verdadera Historia

Parió un sueño
a medias
lleno de escombros
porque de sus huesos
ávidos
sólo emergía el salitre.

Parió la piedra cementada
de las que aún quedan
en estas costas carcomidas
de porción de muelles y carreteras.

Expulsó un olor extraño
de arenisca y gravilla
solitario
como los niños cazadores de pájaros
como los padres fatigados después de la construcción.

Las cavidades entiznadas
me dicen
que el calor trae moscas y malos augurios.
Me quedaré a esperar a que aclare el día
cuando el sol cercene las uvas caletas.
Así sabré
si fue culpa del apagón
o del mar
que se lo tragó todo.

RAYCHEL CARRIÓN

La parte de las víctimas

El padre

Alguien está al asecho.
Esperando el momento justo
en que caen los pájaros
después de la tormenta.
El cátcher,
digamos,
de los que *llegan al mundo muertos.*
Mi padre,
no mi padre el que mataba
palomillas en los noventa.
Hablo del padre.
El que de alguna manera provee la belleza.
El que se lanza con machete sobre mis cavilaciones.
Hablando de la perfección para el disparo
para la burla
para el dolor.

Oigo el canto en Serbia

A Olga,
que le he dedicado tantas cosas

Se están yendo aquellas tardes
en que tomábamos café en Santos Suárez
tirados en el piso acabado de limpiar,
las noches de dormir abrazados por el frío y por el amor,
las mañanas de amanecer más aún abrazados
ya no tanto por el frío
pero sí por el amor,
nuestros viajes destinados al robo de libros por La Habana Vieja,
los corretajes,
porque obviamente somos tan malos ladrones
y tan ambiciosos.
Se están yendo,
y será definitivo dentro de unos meses,
quién sabe, y tal vez se prolongue más, unos días más.
Pero no le voy a pedir eso al tiempo,
sé que esperas ansioso.
La isla se quedará vacía
y se hundirá en el mar
por la parte sur
porque Cienfuegos es una ciudad muy débil
y una pérdida más puede significar su deshacimiento.
Sé que es terrible *la aldea*,
que sólo se respira humo y nos ahogamos poco a poco.
Sé que calcina el aburrimiento en este lugar de no hacer nada,
en este lugar de morir sin nada.

Ve a otra tierra entonces donde *los ciervos*,
a respirar aire puro,
a explorar otros campos menos espinados y más amplios.
Vete de una vez,
antes de darme cuenta de que me quedo solo,
que no tengo un plan de fuga,
que he envejecido.
Ve
y dile a Dios que lo siento.

La costumbre de sentir el ojo en cada palabra

a E. E.

> Al principio molesta el golpe del agua
> que se hunde en el aluminio,
> después,
> uno se acostumbra
>
> Eduard Encina, "Interior con columnas"

En mi caso/a fue en el plástico,
el olor a desincrustante
y las hojas de té
¿Acaso te acostumbras?
Acaso cuando te matas y vives,
¿te acostumbras?
Los hombres enmarañados de fango
los hombres ahogados por la gotera,
¿acaso se acostumbran?
Aun cuando hay que alimentar a las bestias
y el hedor corroe
día y noche,
¿te acostumbras?
Cuando la enfermedad te consume por dentro
cuando se atrasa el nacimiento de tus hijos,
¿me acostumbro?
Acostumbrar, verbo transitivo
Hacer que una persona adquiera determinada cosa como
/ costumbre:
Lo acostumbraron desde joven a dar puñetazos

Hacer que una persona deje de encontrar molesta o extraña cierta cosa o persona:
Lo acostumbraron al campo de noche
Lo acostumbraron a los derrumbes
Fragmento de todo lo que en él era fragmento
G era su sangre
Un pedazo de cosmos dentro de él
El dolor
Una madre
La fiebre
Su historia
Se acostumbró
Al flaco caudal del Contramaestre
A las fotos viejas
Las guásimas
Y a todo lo que perdió.

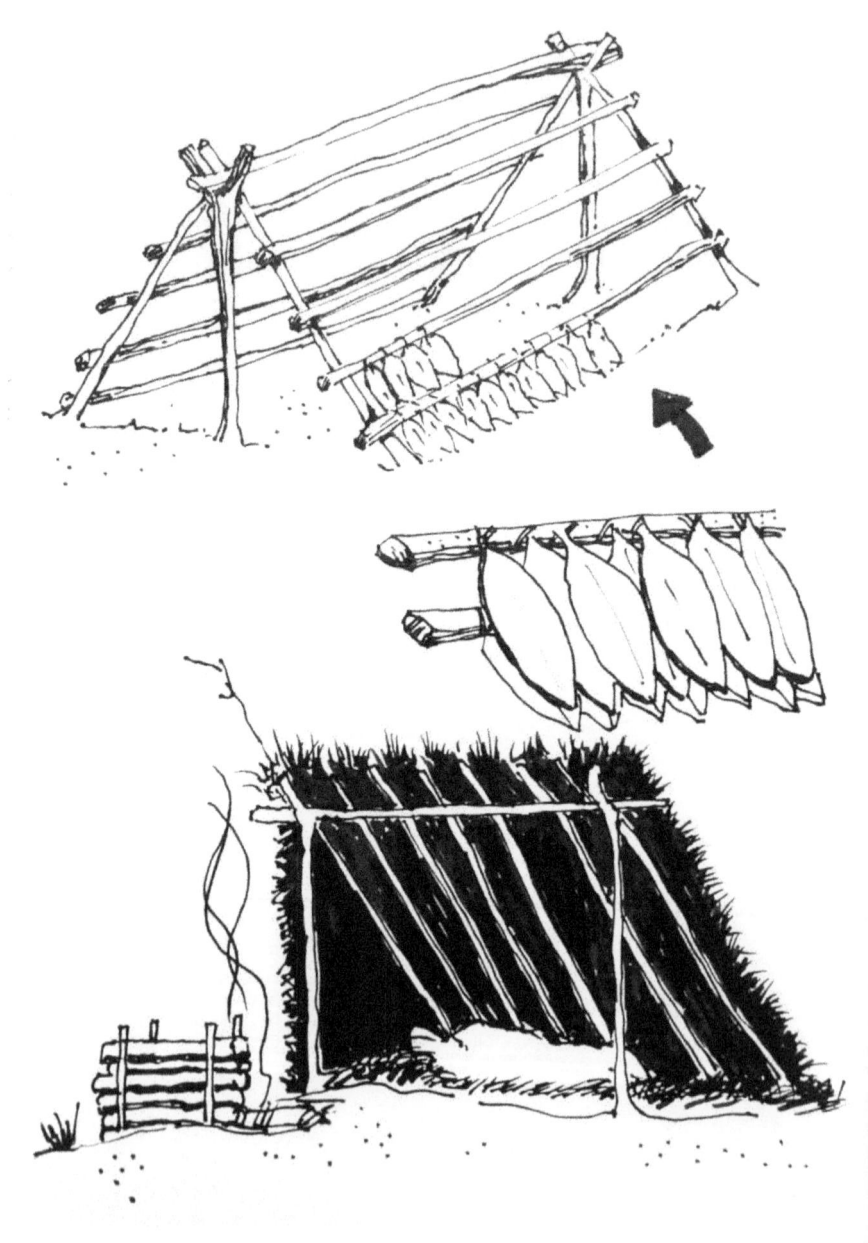

CELIA GONZÁLEZ

Sibilas americanas

> La muerte está lejana. No me mira.
> ¡Tanta vida, Señor!
> ¿Para qué tanta vida?
> ALEJANDRA PIZARNIK, "Noche"

Ni Alejandra ni Alfonsina saben de la soga,
en el rancho la soga enlaza su cuello blanco,
en el campo las noches son más largas y más oscuras.
Nadie le puso la noche.
Nadie le puso la soga.
Ni la luz de la luna que entra por las yaguas.

Si hubiese sabido del destierro,
ah, que tardío.
Si hubiese sabido del silencio.

Desnudo el pensamiento,
desnuda la carne,
tanto trabajo
de por vida
para matarse uno
(al) descubierto.

Te vendo un ejercicio de vocalización

A Natalia

—Le vendo un ejercicio de vocalización, señor.
Y no dudó
por culpa de la interpretación de la noche,
del estadio solitario,
por ser una loca,
por ser una mujer,
por su falta de dinero,
por su desesperación.
—No hay más na' que hacer, señora.
Y no dudó
en bajarse la cremallera,
y no dudó en sacar el billete,
en sonreír,
cuando la extraña cantante
comenzó a entonar las primeras notas.

JUAN-SÍ GONZÁLEZ

Viacrucis

Qué más da la frescura de la carne
  el hueso suculento
   la cola perpetua
    la fatiga del hablador
     mi falta de optimismo

¡¡¡Todos hacia el matadero!!!

Disponemos extremidades
       todos
    sin exclusiones
    somos víctimas
de las peripecias del ha/ombre.

Exhumación

A Maricela Arcelú, por supuesto

Maricela, la negra
Tecnóloga de las Producciones Químicas (TPQ)
Universidad de Las Villas
Solo seis para Hungría
Radioquímica
La querida por todos,
Un nuevo proyecto
Año 87
La promesa
Especialidad de corrosión
No la aplica
Protesta
Desactivación y desechos radiactivos
Se vincula
La de la risa estruendosa
Año 92
Parálisis
Se queda
Tecnóloga química
Proceso de conservación
Aún permanece
Medidas del Gobierno
Reubicación de técnicos
Una hija
MINBAS
Fortalecimiento de la Industria

Soltera
Personal de la CEN
Alta preparación
Edificio 27, apartamento 12
Politécnico
Profesora
Un perro
Una máquina de coser
Títulos en la pared
La permuta.

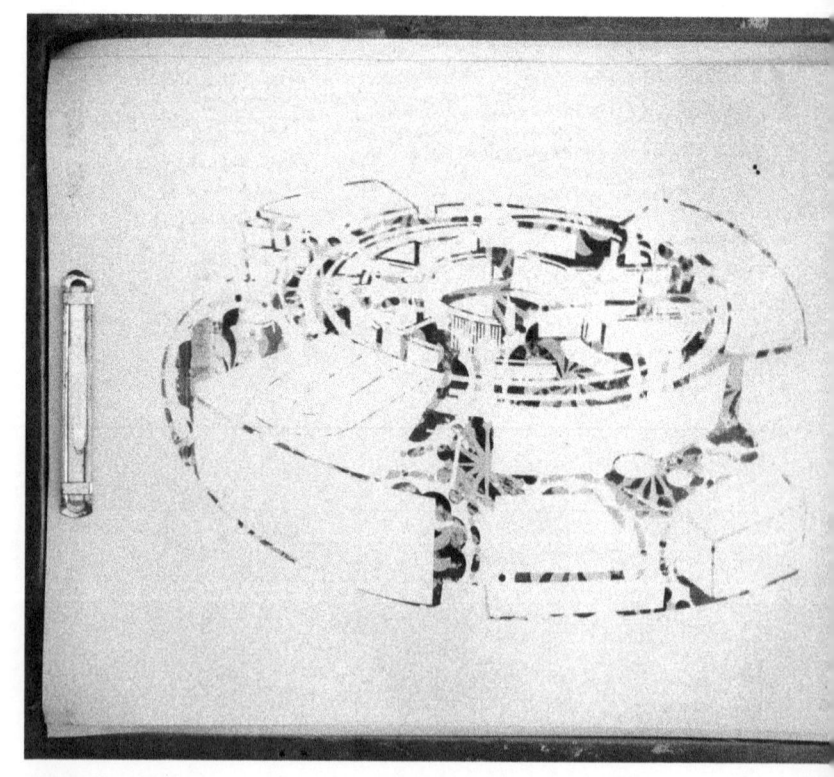

HÉCTOR TRUJILLO

(D)evolución

Las botellas vacías hay que devolverlas.
La cerveza Polar cuesta 10 pesos moneda nacional.
Hay que estar amarrados a la barra hasta que se acabe.
"¡¡¡Hasta que se seque el malecón!!!", canta la mujer con tope
/ de licra.
Ella también toma Polar
y disfruta el momento.
Canta y se menea encima de la silla de cabillas pegadas a la barra.

Debemos sentarnos sobre las sillas de cabillas
y tomar cerveza de 10 pesos.
Tomar luego un trago de ron de 10 pesos para el remate,
en un vaso que cuesta 5 pesos en las tiendas industriales.

Memorizo los pedazos de letras que me deja caer la mujer
/ con tope de licra
y los canto para mis adentros.
Él me habla de entender nuestra realidad
me habla de responder a este momento.
Canto para mis adentros.
A mí no me parece.

Despego
suavemente
la etiqueta
del oso polar.
Esta es la realidad
"¿El oso?", me dice

Canto
"¡¡¡A mí no me parece!!!"
La mujer con tope de licra escucha
y se encoje de hombros.
Dice que la dejen tomar su cerveza tranquila.

Alza el vuelo la segunda golondrina

> Mas no parto. Si partiera
> al instante yo quisiera
> regresar.
> ¡Ay! ¿Cuándo querrá el destino
> que yo pueda en mi camino
> reposar?
>
> JULIÁN DEL CASAL, "Nostalgias"

Tarde comienzan mis manos a tocar la tierra
húmeda y rocosa
porque las piedras por estos litorales se tragan todo lo
acuoso
porque la tierra de más pa' adentro en el monte
el sol no la seca así tan fácilmente.

Tarde empieza a caerse mi pelo y mis manos a temblar
y mi hermano se despide con voces roncas sus amigos
hacemos la fiesta en el patio
hacemos caer la lluvia
y la acercamos al rostro.

Así despavorido mi hermano se larga de esta tierra
húmeda y rocosa
yo me aferro a seguir manoseando el mismo trillo
yo me quedo seca en el asfalto
desprovista de maletas y joyas
pa' allá abajo se va sin nada dice mi abuela
y guarda mis mediecitas y las fotos de mi madre

yo me llenaré el cuerpo de lunares
hasta que quede en mí
el sol de esta tierra tatuado.

JULIO LLÓPIZ-CASAL

La madre

Una mujer se aferra a la quietud
del apagón
constante de donde vivo.
Sorda
la maquinaria necesaria
para el arranque
la inclusión
de esta cruzada
el sabor apabullante de los que dicen
                              responsabilidad.
Una mujer
se disuelve
se contamina
se ofrece
se clava el símbolo
            lo mastica
            lo escupe.
Para los que no lo sepan
una mujer
cree hacer
lo que le da la gana.

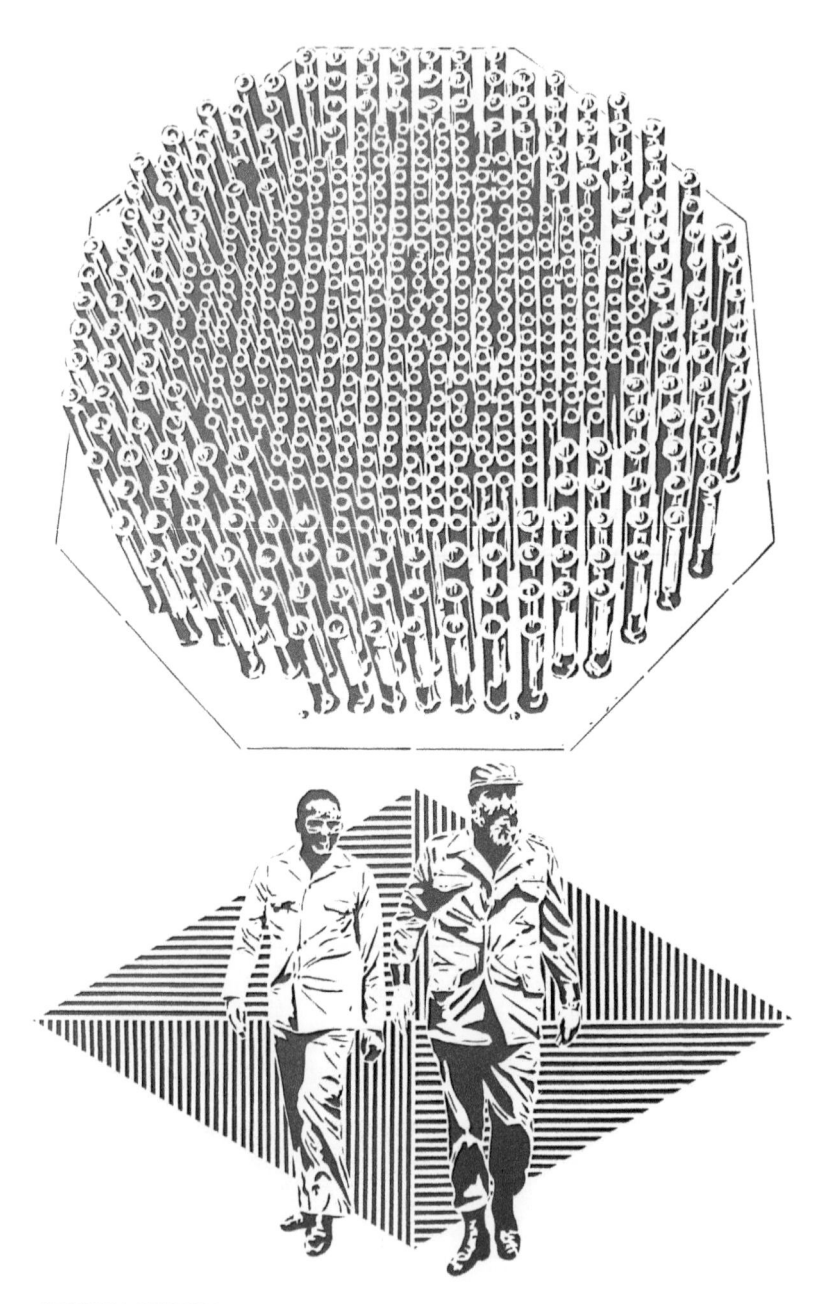

HAMLET LAVASTIDA

Un día feliz[*]

---

[*] Los humanos, como las fieras, están hechos de miedos. Y de deseos. Un día feliz, un día cualquiera, el humano se levanta y se dispone a eliminar a la fiera. Una criatura enorme que controla todo y que por lo tanto también lo domina. El humano quiere construirse un mundo sin fiera. Un mundo mejor, digamos, dice el humano. Un mundo donde el recuerdo del animal no sirva sino para recordar el olor de los pájaros muertos. Para eso necesita destruir un par de cosas, apenas las imprescindibles. Las necesarias como mucho. Todo lo que sobrepase dentro y fuera de su cabeza.

Puede ser, pero prefiero no saberlo

Por eso mi canto es duro
aunque mi boca satisfecha sonríe a todos.
Por eso mis años se repiten
y entre la maleza oigo el llanto de mi madre
que se acorrala en mis oídos
como linterna ciega
para que la siga
madre, si estoy perdido
para qué el intento
para que la siga
para que la siga
hasta dónde hay que llegar dime tú
hasta qué parámetros hay que llegar.
Ahora yo escucho en la maleza los insectos
y los como uno a uno
si quieres aprender tienes que tragar
y tragar bien
no basta que no tengas hambre
el hambre se hace
por eso escupo
para tener más hambre
escupo
es la ley
si quieres sobrevivir tienes que escupir.

Fuera de lugar

> Los humanos aúllan como fieras,
> y las fieras parecen humanas.
> Ósip Mandelstam

Uno toma por desfasado el tiempo de su tiempo.
El vientre no aguanta más la orina espesa.
Bajo el sudor de la tierra los senos yacen.
Las botas acallan la furia.

Uno pierde de vista los ideales.
No responde la voz adyacente a la historia.
El eco no retumba más en las arterias.
La luz no llegará.
Uno,
severamente,
se mutila
se deshace en la cordura
inmóvil
sobre el rastro aciago de las madrugadas.
Se introduce en el día
como se abre una fiera en la pólvora.

SANDRA CEBALLOS

De saber se sabe

Se sabe luego del apagón
los insectos merodeadores
en las bocas de los muchachos
que de refugios nacen ciertos destierros
y algunas coyunturas.

Se sabe el remedio
para la insensatez de los malnacidos
que sobre pan duro tocan con atrevimiento.

Oh la promesa
la lógica de la lógica
la vez en que nacen aves migratorias.

Sobre el océano revolotea la carroñera
de saber su presa segura
de mortales factorías
de roturas
paranoias
y sus consecuencias.

Donde el viento se disemina

Los señores del promontorio
son los entusiastas,
anuncian
cuidadosamente
la llegada.

¡Adelante compañeros!
¡Adelante mis fieles soldados!

¿Sientes el olor de la manigua?
¿Sientes el olor de la manigua?
¿Siente el sudor de las llagas?
¿Sientes el ardor de las llagas de los caballos?
Ellos tienen ojos negros
que se pierden en el monte
ellos
saben del dolor de los caídos
ellos
saben
mucho más que las armas
ellos, los desclasados, saben de las llagas de las sogas
ellos, los caídos
saben del olor de la sangre.

Pero donde sopla el viento en el promontorio
no llega el grasiento hedor de los muertos

ellos,
los entusiastas,
solo sienten el fervor de las masas.

Al margen de las cosas

A Santiago,
que me lo ha dicho de esta manera

Como perro buscando el intersticio del calor
Se lanza a la noche
Escudriña la plata en los peces
En las infinidades vírgenes

Serpentea el límite hasta el cansancio
Se cuestiona
Si prescinde de ataduras
Entonces resoplar no es suficiente

La bestia
De silencio animalesco
La bestia
De silencio pertinente
Puede y analiza
Tres puntos no alineados no pasan por la reja

La bestia
(Solamente) de silencio
Recuerda

Fijan collar
Como triángulo

LUIS MANUEL OTERO ALCÁNTARA

El objetivo es evitar todo esto de la forma más pacífica

Sonó un trompetazo
cuando la mañana del 24 se empezaba a calentar
no sé si era el tren de las ocho
o la cornisa que se reventó al fin,
mi cabeza golpeó duro contra el techo de la barbacoa
se volvió a deformar mi carapacho gigantesco
mis óvalos maduros
mis muñecas sucias
y mis córneas.

Estaba claro que era el tiempo del cambio
estaba claro
pero qué iba a hacer yo entre tantos grandes.

Cogí mi mochila de campaña
mi estómago
mis zapatos rojos
y fui al monte.

Así estuve varios años entre los rebeldes
comiendo tierra y gusanos
oliendo la yerba de medianoche.
Al tiempo
planté una casa en la montaña y casi fui feliz.

Pero irremediablemente
tuve que escupir en la nada
y ya no quedaba ni playa, ni monte,

ni charco, ni arboleda
a los que no hubiese manoseado.
Así que adoquiné el trillo de regreso a mi viejo hogar
y me permití el retiro.

Suenan todos los días trompetazos
no sé si de los trenes o del edificio
que se derrumba
pero ya nada golpea mi cabeza
porque supe ponerle amortiguadores al techo.

El augurio de las asignaturas clásicas

La Fiera mete el oído de
su lengua muerta en las puertas
y piensa en las musarañas.
Siente la peste que se divide en cuatro semestres
y monta en cólera.
La cólera funesta que causó
infinitos males a las fieras
y precipitó a la repitencia (al Hades)
muchas almas valerosas de héroes.
La Fiera es uno de estos héroes en sandalitas de cuero
se peina para atrás y aún no sabe
fumar.
Nótese que aquí empieza el cambio.
Los dioses promueven la contienda
desde lejos engendran el odio en el ejército
son alrededor de cien soldados
y cada uno peleará por su vida de fiera.

Canto Primero

Apolo, el que hiere de lejos
irritado
arremete
al principio contra los burros
y los ágiles graciositos,
mas luego dirigió sus amargas palabras
contra Julián, el pelirrojo
quien se preguntaba sobre la irritación de Apolo.
"El escribir un buen ensayo
te hace un hombre inmortal
y tú no puedes escapar de la muerte
por mundialista
por incauto
y por pelirrojo.
Arrastrarás
y no te librarás de la odiosa peste"
      Calcante *dixit*.

FILIO GÁLVEZ

Casi tanto como por el sonido

Corto las uñas de los pies una vez por semana.
Menstruo una vez al mes.
Mi vida se regula.
Toma una frecuencia lenta
como los nocturnos de Debussy.
Días que rondan en círculos.
NUBES, FIESTAS y SIRENAS.
Poética atempera lo fugaz} intervalos rectilíneos} ovulación
/ adyacente} perreta *for default*
Viruñas de Mallarmé.

Como las uñas de las manos
Sentada en la yerba
Mientras miro el espectáculo
Del cazador y las ninfas
Y me construyo
Posibles significados:
   —La soledad es la cura a la hiperactividad, a la
   esquelética forma de los narcóticos y del incienso y el
   café, del sexo compulsivo, y de mi siringa liberadora.

   —Una versátil transacción puede ser una irreal y
   huidiza forma canturreada por sirenas de tóxica
   fascinación.

   —Por muy tersa que esté la cuerda, será imposible
   detenerla en un punto cualquiera del Tiempo.

En retirada

Han quedado en silencio los años de estorbo
casi en la mente
casi en la insoportable armonía de la razón
casi en el fatalismo de la conciencia.

Han quedado en el polvo
y el polvo que siempre calla
es terrible
efectivamente terrible
que se consuma
y que se consuma
y que se olvide
otra vez.

Es un caos de construcciones
por los siglos de los siglos
y que siempre salen los muertos
de donde menos te imaginas
y que nunca te dejan tranquilo
porque nunca reposan.

Ya será en el tiempo otro lapso
entonces lo que quedó en silencio seguirá en silencio
en cualquier resquicio de la amabilidad histórica
en la evocación de un muerto
en el reducto inexacto de un poeta.

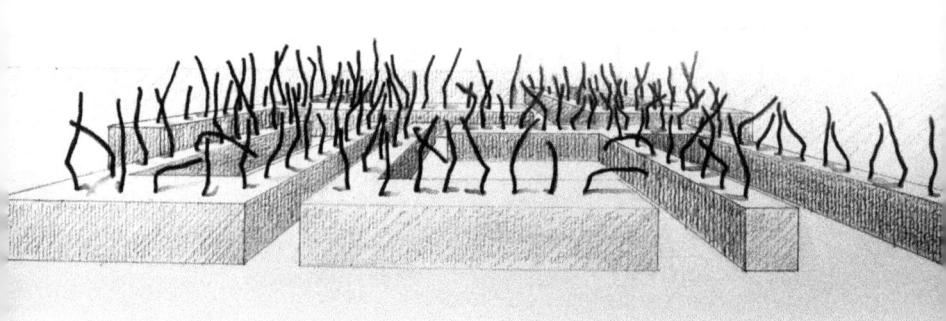

LESTER ÁLVAREZ

Índice

Ecce Uranus |19|

URANIO EMPOBRECIDO

No nos sirve de nada el miedo |15|

LA CEN

Año 92 |19|

Algo aquí se descompone |20|

El proyecto del siglo |22|

Ciudad Nuclear *mon amour* |24|

Highway to Hell |30|

De fierecillas |33|

La cabeza fuera de mis manos |36|

A mayor altura II |37|

Quemados por el sol II |38|

La verdadera Historia |39|

LA PARTE DE LAS VÍCTIMAS

El padre |43|

Oigo el canto en Serbia |44|

La costumbre de sentir el ojo en cada palabra |46|

Sibilas americanas |49|

Te vendo un ejercicio de vocalización |50|

Viacrucis |52|

Exhumación |53|

(D)evolución |55|

Alza el vuelo la segunda golondrina |57|

La madre |59|

UN DÍA FELIZ

Puede ser, pero prefiero no saberlo |63|

Fuera de lugar |64|

De saber se sabe |66|

Donde el viento se disemina |67|

Al margen de las cosas |69|

El objetivo es evitar todo esto
   de la forma más pacífica |71|

El augurio de las asignaturas clásicas |73|

Canto Primero |74|

Casi tanto como por el sonido |76|

En retirada |77|